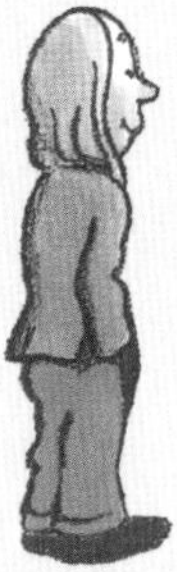

Ein Schwein, das noch einmal Schwein gehabt hat … Ein Junge und ein Murmeltier, die alles miteinander teilen, nicht einmal der Winterschlaf kann sie trennen … Und ein kleines Mädchen, das lieber ins Horn bläst, als die zweite Geige bzw. Flöte zu spielen … Hans Traxler erzählt drei Geschichten von wunderbaren Freundschaften – mit einem Augenzwinkern und vielen farbigen Bildern.

„Der neue Geniestreich eines begnadeten Zeichners und Geschichtenerzählers."
Deutschlandfunk

Hans Traxler, 1929 in Herrlich, einem Dorf in Nordböhmen, geboren, ist Maler, Illustrator und Autor. Er wurde mit vielen Preisen für sein Lebenswerk ausgezeichnet, zuletzt 2015 mit dem Wilhelm-Busch-Preis. Er lebt in Frankfurt am Main.

insel taschenbuch 4495

Hans Traxler

Alpentrilogie

Hans Traxler

Alpentrilogie

Insel Verlag

Erste Auflage 2016
insel taschenbuch 4495
Insel Verlag Berlin 2016
Lizenzausgabe mit freundlicher Genehmigung des
Carl Hanser Verlag München

Hinweise zu dieser Ausgabe am Schluss des Bandes
Vertrieb durch den Suhrkamp Taschenbuch Verlag
Umschlagabbildung: Hans Traxler, Frankfurt am Main
Druck: CPI – Ebner & Spiegel, Ulm
Printed in Germany
ISBN 978-3-458-36195-4

Inhalt

Komm, Emil
wir gehn heim!

Für Nelly, Valerie, Lena,
Paul, Can, Deniz und Timm.

Die alte Martha wohnt auf der Riedmoos-Alm,
zwei Stunden Fußmarsch vom Dorf entfernt.
Bei ihr lebt Emil, das Ferkel.
Bald geht der Sommer zu Ende.

 Die Berge sind blau
und die Wiesen
sind bedeckt
von tausend
gelben Blumen.
Man kann kaum
schöner wohnen
auf dieser Welt
als die alte Martha.
Aber die Zeiten
sind schwer,
die Menschen
denken nur an sich,
und Martha ist allein
und so arm,
dass sie oft hungrig
zu Bett geht.

Nach der Arbeit sitzt Martha mit Emil
vor der Hütte. Im nahen Bergwald
stimmen die Vögel ihr Abendlied an.
Auch Martha hat sich ein kleines
Lied ausgedacht.
Das geht so:

Mei Herz is so voll
Und mei Bauch is so leer.
O mei, wär des schön,
Wenn's andersrum wär!
Holladiöh!

Dann muss sie immer kichern
und Emil grunzt dazu.

Im kleinen Dorfladen gibt es Wurst und Käse
und feines Birnenbrot, aber nur für Leute mit Geld.

Also geht die Martha ins Bett und liest sich aus einem
alten Kochbuch mit lauter Stimme die herrlichsten Rezepte vor:
Schweinsbraten mit Rotkraut und Semmelknödeln,
Frittatensuppe und Kaiserschmarrn,
gebackene Forelle mit Kartoffelsalat
und zum Abschluss eine große Käseplatte.
Dann schläft sie ein und träumt davon.

O ja, es geht arm zu in Marthas Küche.
Aber das muss nicht immer so bleiben.
Denn da gibt es ja noch Emil.
Er lebt im ehemaligen Kuhstall
hinter ihrer Hütte.
Von allem, was Martha sich kocht,
kriegt Emil sein Teil.

Im Sommer kommt Martha ja noch ganz gut zurecht. Im Hausgarten wachsen alle Sorten Gemüse, Kartoffeln, Beeren und Kräuter, und auf den Almwiesen rundherum gibt es immer eine Kuh, die froh ist, gemolken zu werden. Es muss ja keiner sehen. In den Wäldern findet Emil Eicheln und Bucheckern und Kastanien und Pilze. Martha sieht ihm zu.

„Friss du nur“, sagt sie, „wenn du groß und fett bist, will ich dich schlachten.
Dann habe ich den ganzen Winter über süßes Schweinefleisch und Schmalz und
Würste und brauche nicht mehr hungrig ins Bett zu gehen!“
„Wenn du dich da mal nicht täuschst“, denkt Emil bei sich.
Er kann Marthas Gedanken lesen.

Im Winter wird das Leben richtig hart. Der Hausgarten liegt unter meterhohem Schnee begraben und die Kühe sind ins Dorf getrieben worden.
Martha muss dann von den spärlichen Vorräten des Sommers leben.

Mit Mühe hat sie letzten Winter den Weg zum Kuhstall freigeschaufelt,
wo ihr Feuerholz liegt.
Das will Martha nicht noch mal erleben.

Als die Tage immer kürzer werden und die Wälder sich bunt färben,
zieht Martha ihr gutes Gewand an.
„Komm, Emil“, sagt sie, „wir wollen meine Kusine Kathi besuchen!“
„Kusine Kathi?“, denkt Emil. „Von der hab ich noch nie was gehört.“

Und dann machen sie sich auf den weiten Weg hinunter ins Tal.

„Wir besuchen Kusine Kathi!“, sagt Martha zum Förster Franz.
„Kusine Kathi?“, denkt Franz. „Von der hab ich noch nie was gehört.“

Gegen Mittag wird der Weg flacher und man hört den Lärm der Autobahn.

Auf der Landstraße werden sie von einem großen Lastwagen überholt,
der viele Kälber geladen hat.
Sie sind durstig und muhen ängstlich.

„Siehst du, die machen auch einen Ausflug!“, sagt Martha.
„Glücklich sehen die nicht gerade aus“,
denkt Emil bei sich.

Nun sind sie schon kurz vor der Stadt
und wieder werden sie von einem laut hupenden Lastwagen überholt.
Er ist voll beladen mit quiekenden Schweinen.
„Komischer Ausflug", denkt Emil, „da geh ich doch lieber zu Fuß!"

Auf einmal bleibt Emil wie angewurzelt stehen und hebt die Nase schnuppernd in den Wind. Schweine haben nämlich einen feinen Geruchssinn, viel feiner als wir Menschen.

Emil riecht BLUT!

Martha versucht mit aller Macht, ihn weiterzuziehen.

Aber da ist nichts zu machen.

Martha geht über den nächsten Hügel
und Emil folgt ihr vorsichtig.
Da auf einmal sieht sie, was Emil
gerochen hat.

Es ist der Schlachthof, wo dicke Männer in gestreiften Hemden
quiekende Schweine durch ein dunkles Tor treiben.
Auf der anderen Seite tragen zwei Metzgerburschen
die Schweinehälften in ihr Auto.

Die Martha schaut sich das eine ganze Weile genau an.
Dann dreht sie sich um und sagt langsam und ruhig:
„Komm, Emil, wir gehn heim!“

Und so gehen die beiden den ganzen langen Weg zurück auf den Berg. Es ist Mittag und die Sonne brennt.

Vor dem letzten Anstieg halten sie Rast und Emil nimmt ein erfrischendes Bad.

„Wir wollten meine Kusine Kathi besuchen!“, sagt Martha zum Förster Franz. „Aber sie hatte leider keine Zeit.“

„Ich glaube, die Martha fängt an zu spinnen“, sagt Franz zu sich. „Ich muss mal mit den Dorfleuten reden. Man muss sich um sie kümmern.“

Bald stehen die Dörfler zusammen und reden aufeinander ein.
Warum sind sie nur so aufgeregt?

„Wenn die alte Martha anfängt zu spinnen“, sagen sie,
„müssen wir uns um sie kümmern.
Sonst wird sie ganz verrückt und wir müssen sie in ein Heim stecken.
Und das wird teuer!“
Die Leute vom Füchsliberg können nämlich gut rechnen
und sie haben ihr Geld lieb und halten es zusammen.

Also machen sie sich auf den Weg zu Marthas Hütte.
Ihre Schlitten und Rucksäcke haben sie voll gepackt
mit Mehl und Reis, Öl und Dörrobst,
Kaffee und Nüssen und vielen anderen feinen Sachen.
Sie kommen gerade zur rechten Zeit,
denn über Nacht ist es Winter geworden.

Und dann sitzen alle in der guten Stube, breiten ihre Geschenke aus
und sind sehr mit sich zufrieden.
Die Martha bedankt sich höflich und Emil sieht ziemlich erleichtert aus.
„Puh – das ist ja nochmal gutgegangen!“, denkt er.

Bevor sie gehen, hackt der Bürgermeister
noch einen Haufen Kleinholz zum Feueranmachen.
„Das ist doch Männerarbeit!“, brummt er.

Und dann herrscht wieder Ruhe in Marthas Hütte.
Niemand hat mehr Angst vor dem Winter. Sie nicht und Emil auch nicht.
Nur Speck, das Mäuschen, macht sich tiefe Sorgen:
„Wie soll ich denn da um Himmels willen an die Vorräte kommen?“

Tja, so ist das Leben nun mal.
Schön, aber immer auch ein wenig ungerecht
gegen die kleinen Mäuse.

Franz
der Junge, der ein
Murmeltier sein wollte

Für meinen Vater Franz.

Mit einem besonderen Dank
an Hansi und Sabeeka Well.

Eigentlich sollte Albert ein sehr, sehr glückliches Murmeltier sein.
Die Sonne scheint ihm auf den Bauch, und um ihn herum
wachsen feine Kräuter und saftige Gräser.
Er braucht sich nur zu bücken.
Aber Albert hat schreckliche Angst.

Über ihm zieht seit Tagen Artur der Adler seine Kreise.
Artur mit dem scharfen Schnabel und den riesigen Krallen.

Albert läuft es eiskalt über den Rücken,
wenn Artur am Himmel auftaucht.

Er stößt einen scharfen Pfiff durch die Zähne
und dann noch einen,
und alle Murmeltiere flitzen schnell wie der Blitz in ihren Bau.

Dort sitzt Albert nun im Dunkeln.
Seine Zähne klappern vor Angst, und sein Herz klopft laut.

Eines Tages taucht Franz auf. Franz ist der Sohn des Lehrers vom Fuxtal. Wenn er in der Nähe ist, zieht der Adler verärgert und schimpfend ab. Adler sind menschenscheu.

Im Lauf des Sommers kommen Franz und Albert sich ganz langsam näher.

Als Albert gemerkt hat, dass ihm keine Gefahr droht,
solange Franz bei ihm ist, verliert er seine Scheu.
Aber anfassen lässt er sich nicht.
Man kann ja nie wissen, was die Menschen vorhaben.

Franz hat immer ein paar Karotten in der Tasche.
Die teilen sie brüderlich und kauen so lange,
bis sie süß werden im Mund.
Franz möchte, dass das immer, immer so bleibt.

Aber es ist dann doch anders gekommen.

Als Franz eines Morgens aufwacht, starrt er ungläubig aus dem Fenster.
Über Nacht ist ein halber Meter Neuschnee gefallen.
Die Welt ist ganz weiß und sehr still.

Franz ist ganz durcheinander.
Er greift sich Skier und Stöcke, rennt die Treppen hinunter
und spurt so schnell er kann zur Murmeltierwiese.

Aber die Wiese gibt's nicht mehr.
Da ist nur noch dicker, weißer, glitzernder Schnee.
Keine Spur von Albert, seinem Freund.

Franz ist wütend wie noch nie.
„Ich will das nicht!“, schreit er und haut die Eiszapfen vom Dach.

„Der Winter soll sofort aufhören!“, brüllt er
und schlägt auch noch dem schönen Schneemann den Kopf herunter,
den seine Freunde Paul und Lena mit viel Mühe gebaut haben.

„He!“, brummt sein Vater, „was ist denn in dich gefahren?“
Er schaufelt gerade sein Auto frei, das eine dicke weiße Haube aufhat.
„Albert ist tot! Er ist total zugeschneit! Bestimmt ist er erstickt!“
„Mal langsam“, beruhigt ihn der Vater. „Deinem Albert geht’s gut.
Der hält seinen Winterschlaf, wie alle Murmeltiere.“

Dann erklärt ihm der Vater, wie sein Freund Albert den Winter verbringt.
„Murmeltiere können ihren Herzschlag
bis auf zehn Mal in der Minute verlangsamen.
Dabei atmen sie nur drei Mal und sparen Energie.
Deshalb müssen sie auch nichts essen.
Sie kuscheln sich gemütlich in ihre Höhle und dösen vor sich hin.
Im Frühjahr tauchen sie dann auf, ausgeruht und ein paar Kilo leichter."

„Wenn's weiter nichts ist, das kann ich auch!", sagt Franz.
Er erklärt der Familie, er werde sich sofort zu seinem Winterschlaf zurückziehen
und wolle auf keinen Fall gestört werden, solange noch
ein Fitzchen Schnee auf der Murmeltierwiese liegt.
„In Ordnung", sagt die Mutter, „wir essen um acht!"
„Ohne mich!", sagt Franz.

Auf dem Speicher steht eine alte Klavierkiste.
„Genau das Richtige“, denkt Franz,
„daraus lässt sich bestimmt eine tolle Murmeltierhöhle bauen.“
Er schleppt alle Kissen, Betten und Decken herbei,
die er im Haus finden kann.

Franz arbeitet emsig wie ein Murmeltier,
das seine Winterhöhle auspolstert.

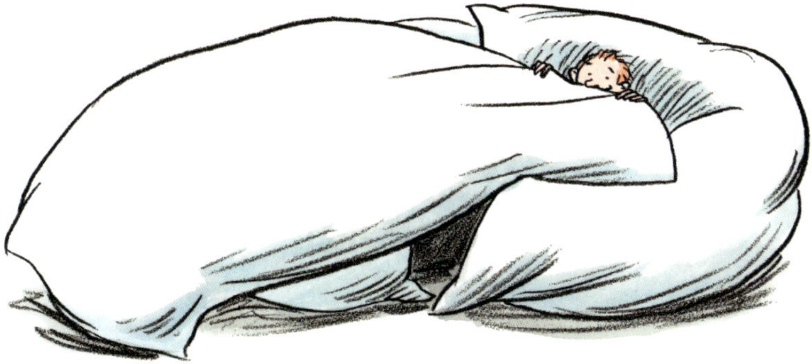

Er zieht ein großes weißes Federbett über alles, das ist die Schneedecke.

Franz kann sich gut vorstellen, wie Albert sich jetzt fühlt.
Sehr gemütlich, so eine Murmeltierhöhle!

Und dann herrscht Ruhe in der Kiste. Draußen rieselt der Schnee, und von drinnen hört man gleichmäßige Atemzüge. Etwa 35 pro Minute.

Mitten in der Nacht wacht Franz auf. Ganz in seiner Nähe knurrt ein Tier. Ein Raubtier wahrscheinlich. Sehen kann er es nicht, denn in seiner Kiste ist es stockdunkel. Da ist es wieder! Aber es ist gar kein Tier, sondern sein Bauch. Franz hat einen gewaltigen Hunger – so ohne Abendessen.

Der Kühlschrank ist voll mit den leckersten Sachen.
Sein Magen knurrt immer lauter.
„Tu's nicht, Franz", sagt er. Wenn er nachgibt, lachen wieder alle über ihn,
besonders Fanny, seine Schwester, die dumme Kuh.
Aber die Karotte im Gemüsefach, die darf sein.
Karotten sind echte Murmeltierspeise.

Dann sitzt Franz auf seiner alten Klavierkiste und kaut an der Karotte,
bis sie süß wird. Er träumt vom Sommer auf der Murmeltierwiese,
von den blauen Bergen und dem warmen Gras, das nach Kräutern duftet.
Traurig kriecht er zurück in seine Höhle.

Am andern Morgen hat Fanny sich heimlich auf den Speicher geschlichen.
„Franz, ich hab dir dein Frühstück gebracht“, flüstert sie.
„Hau ab, und dein blödes Frühstück kannst du gleich mitnehmen!“, zischt er.
„Sei nicht so ein Dickkopf!“, fleht Fanny. „Du wirst verhungern!“
„Zufällig bin ich gerade dabei, meinen Herzschlag zu verlangsamen
und nur drei Mal pro Minute zu atmen!“, erklärt Franz.
„Das machen nämlich alle Murmeltiere so.“
„Das schaffst du nie!“, flüstert Fanny. Dann geht sie.
Aber das Frühstück lässt sie da.

Franz liegt den ganzen Tag in seiner Höhle und versucht,
nur drei Mal in der Minute zu atmen.

Sein Kopf ist rot wie eine Tomate, sein Herz klopft wild,
und mit einem langen „Pfff“ stößt er die Luft aus.

Wie machen die Murmeltiere das bloß?
Und dann kommt Franz ein schrecklicher Verdacht.

Vielleicht stimmt das alles gar nicht, was sein Vater ihm da erzählt hat?
Vielleicht hat er die Geschichte vom Winterschlaf
nur erfunden, um ihn zu beruhigen?
Vielleicht japst Albert in seinem Bau nach Luft und ist außerdem
auch noch am Verhungern? Genauso wie er selber?
So schnell und leise, wie er nur kann, zieht Franz sich an.
Im Haus ist es ganz still.

Auch das Dorf liegt im tiefen Schlaf.
Die Sterne leuchten Franz den Weg zur Murmeltierwiese.
„Halt aus, Albert, ich komme!“, keucht er.

Aber unter welchem Hügel ist nun Alberts Bau?
Die sehen ja alle so gleich aus.

Da hilft alles nichts.
Er wird Albert finden, und wenn er jeden Hügel aufgraben muss.

Der gute Mond scheint auf Franz, der da wie besessen schaufelt
und schaufelt und schaufelt, bis ihn die Kräfte verlassen.
Nur einen Moment will er sich ausruhen und dann weitermachen.
Er setzt sich in den Schnee und ist im nächsten Moment eingeschlafen.
Langsam fängt es wieder an zu schneien.

Mitten in der Nacht ist der Vater aufgewacht. Er steigt auf den Speicher und horcht an der Klavierkiste. Es ist totenstill, und die Kiste ist leer.

„Franz ist verschwunden. Wir müssen ihn suchen!“
„Ich geb den Nachbarn Bescheid“, sagt die Mutter ruhig.
Aber sie ist ganz blass.

Gleich darauf sind die Männer auf dem Weg zur Murmeltierwiese. Der Mond ist wieder aus den Wolken gekommen, und eigentlich brauchen sie die Fackeln gar nicht. Aber das machen die Retter immer so. Sie rufen alle paar Schritte „He!“ und „Holla!“ und „Franz!“. „Bitte lass es nicht zu spät sein“, sagt die Mutter leise. Da hören sie eine dünne Stimme: „Hierher!“

Von dem Krach war Franz aufgewacht.
„Habt ihr Albert gefunden?“, stammelt er.
„Verrückter Kerl!“, sagt der Vater und reibt ihn vorsichtig mit Schnee ab,
besonders seine blaue Nase. Die könnte erfroren sein.

Später sitzen alle in der Stube. Die Männer kriegen Glühwein
und Franz ein heißes Fußbad mit 3 Löffeln Salz darin.
Ist jetzt alles wieder gut?

Leider nicht. Am nächsten Morgen hat Franz Fieber. Doktor Fisch hört ihn ab und schüttelt den Kopf. „Ihr Sohn hat eine Lungenentzündung!“, sagt er. „Damit ist nicht zu spaßen.“

Franz muss im Bett bleiben, und Doktor Fisch schaut jeden Tag nach ihm. Am dritten Tag sagt er: „Er wird's überleben, aber er braucht jetzt Ruhe und viel Schlaf!“

Der Winter dauert lang im Gebirge,
und das Dorf liegt wochenlang im Schatten.

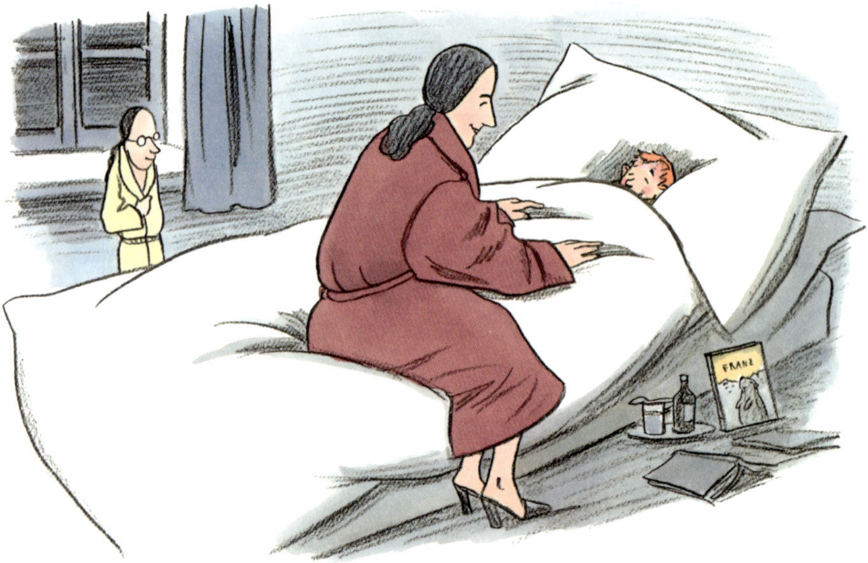

Franz ist so schwach, dass er die meiste Zeit schläft.
„Mein kleines Murmeltier!“, sagt die Mutter zärtlich
und zieht die Decke zurecht.

Als es ihm wieder besser geht, langweilt Franz sich schrecklich.
Seine Schwester Fanny hat sich ein Kasperlstück ausgedacht und spielt es ihm vor.
Es heißt: „Der blöde Adler und das superschlaue Murmeltier".
„Eigentlich sehr nett von ihr", denkt Franz.

Eines Morgens kriechen die ersten Sonnenstrahlen ins Fuxtal
und bringen die Eiszapfen zum Schmelzen.
„Wurde aber auch langsam Zeit", brummt Franz.
Er ist schwach wie eine Fliege.

Nach ein paar Tagen gibt es auf der Murmeltierwiese immer mehr schneefreie Flecken, und das neue Gras fängt an zu sprießen. Franz steht auf zittrigen Beinen vor dem Murmeltierbau, und auch Albert hat seinen Winterschlaf beendet. „Wie sieht der denn aus!“, denkt Franz. „Wie ein leerer Turnbeutel!“ Albert denkt wahrscheinlich das Gleiche von Franz. Falls Murmeltiere denken können, was wir einmal annehmen wollen.

Nun sitzen sie wieder auf ihrem Lieblingsplatz, Franz und Albert.
Und sieh an, auch Fanny ist dabei. „Das mit dem Frühstück
war doch sehr anständig“, denkt Franz, „das muss man anerkennen.“
Er hat für jeden eine Karotte mitgebracht.
„Hau rein, Albert!“, sagt er. Und dann schauen sie auf die Berge
und kauen, bis es süß wird im Mund.
Der ganze lange schöne Sommer liegt vor ihnen.

Sofie
mit dem großen Horn

Mit einem besonderen Dank
an Paula
fürs Modellstehen

Sofie wächst in einer sehr musikalischen Familie auf.
Alle spielen Blockflöte: ihre Eltern Fritz und Sabine
und die Geschwister Leni, Susi und Maxi.
Aber weil Sofie die Kleinste ist,
muss sie auch immer die kleinste Flöte spielen.
Sofie findet das gemein.

Und so fing alles an: Sofies Mutter liebte ihre Jüngste sehr
und spielte ihr jeden Abend ein Schlaflied vor.
Sofie lachte und strampelte vor Vergnügen.

Wenn die Mutter aber versehentlich einen falschen Ton spielte,
schrie Sofie wie verrückt
und hörte gar nicht mehr damit auf.

Eines Tages, nicht lang nach ihrem ersten Geburtstag,
krabbelt Sofie durch die Wohnung. Da liegt auf einem Stuhl
die Blockflöte der Mutter.

Sofie greift sich die Flöte und bläst hinein, so fest sie kann.

Die Familie sitzt gerade gemütlich
im Wohnzimmer beisammen.
Da stürzt die Mutter herein,
die eigentlich Sofies Fläschchen wärmen wollte.
„Kommt mal alle ganz schnell ins Kinderzimmer!“,
ruft sie aufgeregt.
Was ist passiert?

Sofie hat gerade den zweiten Ton
auf der Flöte gefunden!

Die Mutter telefoniert mit allen Verwandten.
„Es ist unglaublich", ruft sie,
„ihr müsst unbedingt kommen und euch das anhören!"

Am nächsten Abend versammelt sich die ganze Familie
im Wohnzimmer und hört Sofie zu, die nun schon
fünf Töne blasen kann, fast eine kleine Melodie.
Alle sagen, dass es noch nie ein so begabtes kleines Kind
gegeben hätte, seit die Welt besteht.
„Wir haben ein Wunderkind in der Familie!“, ruft Onkel Walter,
und alle sehen sich an und nicken eifrig mit den Köpfen.

Von da an darf Sofie ihre Blockflöte überall mit hinnehmen
und wird immer besser und besser.

Im Alter von drei Jahren kann Sofie
„Kuckuck, Kuckuck, ruft's aus dem Wald“
fehlerfrei spielen und bekommt ein Dirndl geschenkt.
Die Großeltern sind restlos begeistert.
Onkel Leopold macht sogar eine Tonaufnahme.

Sofies Geschwister finden das ganze Getue jetzt schon ziemlich übertrieben.
Sie üben gerade mit ihren Eltern die 39. Flötensonate
des berühmten italienischen Barockmeisters Lorenzo Pizzicati ein.
DAS ist Musik!
Davon kann Sofie ja wohl nur träumen!
Die kann ja nicht mal Noten lesen!

Ungefähr ein Jahr später übt Maxi in seinem Zimmer
den 1. Satz der 40. Flötensonate von Lorenzo Pizzicati.
Da öffnet sich ganz leise die Tür einen Spalt.
Sofie steht dahinter und lauscht.

Am selben Abend sitzt die Familie beim Essen,
als plötzlich Sofie im Schlafanzug in der Tür steht.
Sie spielt den 1. Satz von Pizzicatis Sonate
von Anfang bis Ende vollkommen fehlerfrei.
Sie hat sich jede Note gemerkt!
Der Vater verschluckt vor Schreck eine halbe Kartoffel
und wäre fast erstickt, wenn Sabine
ihm nicht heftig auf den Rücken geklopft hätte.

Nachdem die Familie sich wieder beruhigt hat, verkündet Sofie, sie wolle ab sofort nicht mehr auf dieser blöden Pipi-Flöte spielen, sondern auf einer richtigen, so wie Maxi, Leni oder Susi. Aber die *denken* gar nicht daran, mit ihr zu tauschen.

Der Vater erklärt Sofie, dass in einer Musikkapelle auch nicht einfach jeder selber bestimmen könne, welches Instrument er spielen will. Ihr Instrument sei nun mal die kleine Flöte, die sie ja auch besonders gut spiele, vielleicht sogar besser als alle anderen. Alle reden Sofie gut zu, sogar Oma Gertrude. So ist das also! Anscheinend ist jeder gegen sie. Sogar ihre Lieblingsoma, von der sie das am wenigsten erwartet hätte.

Zur Versöhnung soll es ein Konzert im Altersheim „Abendfriede“ geben.
Sofie darf das Solo spielen, in Pizzicatis Flötenkonzert natürlich!
Aber Sofie spielt absichtlich falsch!
Es klingt entsetzlich, wie Katzenmusik!
Die Senioren halten sich die Ohren zu, und der Heimleiter bittet
Sofie und ihre Mama zu gehen und nie wiederzukommen.

Sofie ahnt, dass sie zu weit gegangen ist. Aber was soll's!
„Sollen die doch sehen, wie sie ohne mich zurechtkommen!“
Sie wirft ihre Flöte in den Dorfbach.
„Schwimm hinaus ins weite Meer, kleine Flöte“, ruft sie ihr nach.
„Vielleicht findet dich ein Chinesenkind, das mehr Spaß mit dir hat!
Und eine nettere Familie!“

So geht das Jahr ohne Musik dahin, jedenfalls soweit es Sofie betrifft.

Im nächsten Frühjahr kommt eine Einladung
von ihrer Lieblingsoma Gertrude, die am Füchsliberg wohnt.
„Es hat ihr wohl leid getan!“, sagt Sofie. Sie ist heilfroh, mal eine Zeitlang nichts
von ihrer Familie zu hören und zu sehen.

Als Sofie morgens aus der Tür tritt,
hört sie von den Bergen her einen langen, tiefen, wunderbaren Ton,
wie von einem riesengroßen Tier, aber viel geheimnisvoller.

Sofie folgt diesem Ton, der immer näher kommt
und immer lauter und schöner wird.

Sofie steigt immer höher.
Es wird kalt und kälter, und es riecht nach Schnee.
Über ihr kreist ein Adler, der schrille Schreie ausstößt.
Und dann auf einmal steht sie vor einem Riesen.

Er ist es, der auf einer unglaublich großen Flöte
diese herrlichen, rätselhaften Töne macht.
Sofie weiß ganz sicher, dass sie noch nie, nie
in ihrem ganzen Leben etwas Schöneres gehört hat.

„Bist du ein Riese?“, fragt sie höflich.
Der Riese lacht ganz freundlich. Was er für große Zähne hat!
„Nein, ich bin der Alois! Und wer bist du?“
„Ich bin die Sofie und wohne bei meiner Oma Gertrude im Tal.
Ich spiele auch Flöte!“
Dann schaut sie Alois fest in die Augen und fragt:
„Darf ich mal deine probieren?“

Da muss der Alois gewaltig lachen. Dann sagt er gutmütig: „Hier, probier's!“
Sofie bläst, so fest sie kann, aber was da auf der anderen Seite rauskommt,
klingt wie das Piepsen einer kranken Maus! Alois erklärt ihr,
dass man für so ein Alphorn viel Luft braucht. Wahrscheinlich zehnmal,
vielleicht sogar hundertmal so viel wie für eine Blockflöte.
„Wo ist das Problem?“, sagt Sofie. „Luft gibt's doch genug hier!“
Sie weiß jetzt, was sie zu tun hat. „Ich muss gehen“, sagt sie zu Alois,
„meine Oma macht sich sonst Sorgen. Nächste Woche bin ich wieder hier,
dann hab ich genug Luft!“ Alois schaut ihr nach,
wie sie den Berg hinunterläuft. „Komisches kleines Mädchen“,
brummt er und schüttelt den Kopf.

Sofie rennt in den Dorfladen und kauft von ihrem Taschengeld 100 bunte Luftballons. „Ich feiere nämlich nächste Woche meinen fünften Geburtstag und lade alle meine Freundinnen ein.“ „Du hast aber viele Freundinnen!“, sagt die Verkäuferin. Zu Hause verkündet Sofie ihrer Oma Gertrude, sie bereite jetzt eine Riesen-Geburtstagsfete vor, deshalb dürfe eine Woche lang niemand ihr Zimmer betreten. Dann schließt sie die Zimmertür zu und beginnt mit der Arbeit.

Sie atmet tief ein und bläst den ersten Luftballon auf. Das ist gar nicht so einfach wie es aussieht. Je voller der Ballon wird, desto fester muss Sofie blasen. Sie kommt ganz schön aus der Puste.

Am Ende der Woche hat Sofie alle hundert Ballons aufgeblasen.
Die letzten sechs hängt sie an die Tür.
Jetzt sieht es nach einem richtigen Kindergeburtstag aus.

Sofie läuft auf den Füchsliberg, wo Alois jeden Tag übt.
„Hallo, Alois", sagt sie ganz atemlos, „du musst unbedingt gleich mitkommen.
Ich hab heut Geburtstag, und du bist der Überraschungsgast! Bitte!!"
Alois möchte eigentlich viel lieber den „Tiroler Hirtenruf" üben.
Aber Sofie lässt einfach nicht locker und quengelt
so lange, bis er endlich nachgibt.

„Ich helf dir auch tragen", sagt Sofie, und das tut sie dann auch.

„Warum mach ich eigentlich alles, was sie sagt?“, brummt Alois vor sich hin.

„Ich bin der Alois“, sagt Alois zu Oma Gertrude.
„Sofie hat mich zu ihrer Geburtstagsfeier eingeladen.“
„Geburtstagsfeier?“, staunt Sofies Lieblingsoma. „Davon weiß ich ja gar nichts!“
„Das geht schon in Ordnung, Oma“, sagt Sofie und führt Alois in ihr Zimmer.

„Das ist ja der Wahnsinn!“, sagt Alois,
und auch Oma Gertrude kann es gar nicht fassen.
„Hast du die alle selber aufgeblasen?“ „Alle hundert!“, sagt Sofie stolz.
„Glaubst du jetzt, dass ich genug Luft habe?“
Da muss Alois zugeben, dass sie jetzt auf jeden Fall genug Luft hat.

Dann gehen sie auf die Wiese hinterm Haus, und Alois erklärt ihr, dass sie die Lippen ganz fest zusammenpressen muss beim Blasen. Während er noch redet, hat Sofie schon gleich beim ersten Versuch einen derart runden, schönen, vollen Ton geblasen, als sei das gar nichts. „Du meinst so?“, sagt sie. Dafür, dass Sofie gleich darauf einen zweiten und dritten Ton bläst und ohne Mühe eine ganze Tonfolge, hat Alois keine Erklärung. Er setzt sich auf einen Baumstamm und sagt: „Der Wahnsinn! Der absolute Wahnsinn!“

Sofie darf nun jeden Tag mit Alois üben.
Und das Alphorn klingt jeden Tag schöner und lauter.
Sie hat ja auch lang genug mit den Luftballons geübt.

Dann ist ihre Familie da.
„Hast du auch ein wenig Flöte gespielt?", fragt die Mutter.
„Ja, ein wenig", sagt Sofie und guckt in die Luft.
Es soll ja keiner wissen, dass sie alle mit ihrem Alphornspiel überraschen will.
Nur dem Alois hat sie gebeichtet, dass sie ein wenig geschwindelt hat:
dass ihr Geburtstag erst nächste Woche ist, und dass sie ja vorher noch üben musste.
Da hat Alois wieder gelacht und etwas gesagt, das sie nicht versteht.
Es klingt so ähnlich wie „Teufelsbraten".

Was dann an Sofies Geburtstag passiert, hätte sie sich wohl nie träumen lassen, und auch sonst niemand, und auch sicher ihr nicht, die ihr diese Geschichte lest. Alois hat nämlich beschlossen, dass jetzt ER mal mit dem Überraschen dran ist. Er hat viele Telefongespräche geführt und viel erklären müssen.

Als Sofie am nächsten Morgen aus dem Haus tritt, stehen da 6 Alphornbläserinnen und 20 Alphornbläser und spielen ihr ein Geburtstagsständchen. Dann gratuliert ihr Alois, und Sofie darf das Solo des „Elmauer Hirtenrufs“ spielen. Von diesem Geburtstag reden die Leute vom Füchsliberg noch heute.

Am nächsten Morgen geht's wieder nach Hause. Alle sind froh, beisammen zu sein, und spielen das 40. Flötenkonzert von Lorenzo Pizzicati. Und siehe da, Sofie darf auf Vaters Flöte spielen! Der muss ja schließlich das Auto lenken. Sofies Vater hat Alois eines seiner Alphörner abgekauft und auf das Autodach geschnallt. Nun macht der Fahrtwind, dass das Alphorn brummt. Herrlich schallt es von den Felswänden zurück. „Ist das nicht wunderschön, Kinder?", sagt die Mutter. „Ich könnte immer so weiter und weiter fahren, bis nach China!" „Au ja", sagt Sofie, „da kann ich mir ja meine kleine Flöte wieder holen!" Was soll denn das nun wieder heißen? Alle sehen Sofie fragend an. Aber die verzieht keine Miene und spielt einfach weiter. Und das ist sicher das Klügste, was sie tun kann.

Alle drei Geschichten in diesem Buch spielen in den Alpen, meiner Lieblingslandschaft, an Orten, die ich gut kenne und oft gezeichnet und gemalt habe. Die Geschichte von Emil, dem Schwein, hat eine lange Vorgeschichte. Ich erzähle sie hier zum ersten Mal.

Alles ist wirklich so passiert, abgesehen von einigen Kleinigkeiten. Denn eigentlich war Emil kein Schwein, sondern ein Schaf. Und das Schaf hieß nicht Emil, sondern Susi. Und Susi lebte auch nicht in den Alpen, sondern im Obstgarten hinter unserem Haus.

Dort fing alles an, als ich noch ein Schuljunge in kurzen Hosen war. In Europa ging gerade der Zweite Weltkrieg zu Ende. Den Menschen ging es schlecht. Sie hungerten und froren. Und auch ich kroch jeden Abend hungrig ins Bett. Wie sich Hunger anfühlt, kann man schwer beschreiben, und glücklicherweise muss ja heutzutage kein Mensch in Europa mehr hungern, oder fast keiner. Damals aber versuchten alle auf irgendeine Weise, dieses andauernd brennende und nagende Gefühl im Bauch loszuwerden.

Sie klauten wie die Raben, schlichen nachts auf die Äcker und zogen Kartoffelstauden aus dem Boden, schüttelten Äpfel und Zwetschgen von den Bäumen, die ihnen nicht gehörten, und ganz Mutige kletterten auf langsam fahrende Züge und warfen Steinkohlebrocken herunter, die dann eingesammelt und gegen Brot getauscht wurden.

Und alle versuchten, sich Tiere zu halten, obwohl das streng verboten war. Auf dem Land fiel das natürlich nicht so auf, aber wer in der Stadt wohnte, musste sich etwas einfallen lassen. Da es keine Ställe gab, wohnten die Tiere auf Dachböden und in Kohlenkellern, in leer stehenden Häusern oder in Hinterhöfen und Vorgärten. Ein Nachbar hielt eine Zeitlang ein Schwein auf dem Balkon, den er mit Decken zugehängt hatte. Eines Tages waren beide verschwunden, das Schwein und der Nachbar. Er war verraten worden.

Auch wir hielten uns ein Tier, ein Lämmchen, nicht viel größer als eine Katze, ein niedliches, pummeliges Tier mit einem dicken Lockenkopf und wolligen Beinen. Ich nannte sie „Susi“. Sobald ich den Obstgarten hinterm Haus betrat, lief Susi laut blökend auf mich zu und wollte gestreichelt werden.

Das ging so einen ganzen schönen Sommer lang. Susi wuchs heran und hatte bald einen dicken weißen Pelz, in den ich meine Bubenhände tief vergraben konnte.

Dann kam Weihnachten.

Mit knurrendem Magen saßen wir eingemummt am Tisch und schauten hinüber auf die kahlen Obstbäume, unter denen Susi im Nebel stand und uns beobachtete.

„Was gäbe das für einen schönen Pullover", seufzte meine Mutter, „und einen langen Schal für Papa und warme Socken für uns alle. Und wir könnten uns alle richtig satt essen bis übers neue Jahr."

Susi schaute immer noch mit ihren wasserhellen Augen zu uns herüber. Ob sie ahnte, was ihr blühte?

Nach einer langen Pause murmelte mein Vater, der ein weiches Herz hatte: „Ich kann's nicht." Und damit war die Sache erledigt.

Susi blieb bis zum Ende des Krieges im nächsten Frühjahr bei uns. Als die Front sich näherte und man in den stillen Nächten schon den Kanonendonner hörte, machten meine Mutter und ich uns mit leichtem Gepäck auf den Weg in den Westen. Mein Vater musste bleiben. Ich habe weder ihn noch Susi, das Schaf, wiedergesehen.

Viele Jahre später saß ich bei einem Essen neben einer Dame, die mir die Geschichte von einem Schwein namens Emil erzählte, das ihre Eltern in den Hungerjahren nach dem Krieg fütterten. Es war genau die gleiche Geschichte wie die von Susi, dem Schaf, und sie endete auch so. Eine alte Tante der Dame hatte es übernommen, Emil zum Metzger zu führen. Im letzten Moment, vor dessen Tür, machte sie Halt und sagte etwas, das ich nie vergessen habe: „Komm, Emil, wir gehn heim!"

Ohne diesen Satz, der später auf dem Titel stand, hätte ich dieses Kinderbuch wahrscheinlich nie geschrieben und gezeichnet.

Aber so weit sind wir noch nicht.

Es vergingen zwei Jahrzehnte, in denen ich viele Bücher für Erwachsene schrieb und zeichnete. Und es verging ein weiteres Jahr, in dem ich meinen Malrucksack packte, um zuerst am Mittelmeer, später an der englischen Küste und schließlich in den Schweizer Alpen, im Engadin, 80 kleine Ölbilder zu malen. Ich liebte es, mit dem Pferdeschlitten in die Täler zu fahren und dann stundenlang bis zu den Gletschern zu wandern und dort meine Staffelei aufzustellen. Nicht alle Bilder konnte ich beenden, denn im Gebirge ändert sich das Wetter schnell. Einmal, bei einem Wintergewitter mit Blitz, Donner und dichtem Schneegestöber, verirrte ich mich beim Abstieg ins Tal und stapfte stundenlang durch tiefen Schnee, bis ich spätnachts das Hotel erreichte. Das aufziehende Gewitter kann man auf dem Bild noch deutlich erkennen.

Den Mai 2003 verbrachten wir, meine Frau und ich, in Wien. Dann hatten wir die Großstadt satt und Sehnsucht nach den Bergen.

Im Prospekt einer Agentur, die Berghütten zur Miete anbietet, fanden wir eine Almhütte in den Salzburger Alpen, 1400 Meter hoch, nur über einen Forstweg zu erreichen, ohne Strom und ohne Heizung, das Wasser direkt von den Felsen.

Eigentlich war ich gekommen, um ein paar kleine Ölbilder zu malen. Daraus wurde aber nichts. Ich hatte mir in der Wiener Altbauwohnung einen Holzsplitter in den Fuß getreten, der nicht entfernt werden konnte. Der Fuß entzündete sich, und ich saß verbittert mit einem hochgelegten Bein auf der Bank vor der Hüttentür und sah mich um.

Alles, was ich sah, gefiel mir plötzlich außerordentlich gut. Vor meinen Augen tauchte Emil, das Ferkel, auf, das im leeren Kuhstall wohnt. Und ich sah die alte Tante, die das Schwein zum Metzger bringt, weil sie nicht mehr hungern will, und die dann doch im letzten Moment umkehrt. Eins fügte sich zum andern, und ich sah alles so deutlich vor mir, als wäre es hier und nirgendwo anders geschehen.

Die niedrige Hütte mit den winzigen Fenstern, die sich gegen den Berghang lehnt, der leere Kuhstall hinterm Haus, die karge Schlafkammer mit den dicken Federbetten, der gemauerte Küchenherd, in dem immer ein Holzfeuer brennen muss, wenn man nicht frieren will, der nächste Ort drei Stunden Fußmarsch entfernt, und das Härteste: Nach dem Abendessen wurde es dunkel, und es gab nur eine Petroleumlampe im Haus, die so trübe flackerte, dass einem beim Lesen bald die Augen tränten.

In dieser Hütte schrieb ich in neun Tagen „Komm, Emil, wir gehn heim!" und humpelte ums Haus herum, um die Umgebung und die benachbarten Sennhütten zu zeichnen.

Die Skizzen für das Dorf „Füchsliberg" hatte ich schon im Jahr davor in zwei Dörfern im Engadin gezeichnet, in Isola am Silser See und in Grevasalvas, einem malerischen Bergdorf über dem See.

Eigentlich war es ein großes Glück, dass ich mir den Splitter damals in den Fuß getreten habe. Der steckt übrigens immer noch dort, obwohl fünf Ärzte versucht haben, ihn zu finden, darunter sogar ein Professor. Holzsplitter, so erklärten sie mir, könne man auf Röntgenbildern leider nicht erkennen. Ich glaube, ich würde ihn vermissen, wenn ich ihn eines Tages nicht mehr spüren würde. Besonders, wenn sich das Wetter ändert.

Zu dieser Ausgabe

Dem vorliegenden Band liegen die folgenden Originalausgaben zugrunde: *Komm, Emil, wir gehn heim!* (© Carl Hanser Verlag München, 2004); *Franz, der Junge, der ein Murmeltier sein wollte* (© Carl Hanser Verlag München, 2009) und *Sofie mit dem großen Horn* (© Carl Hanser Verlag München, 2015).

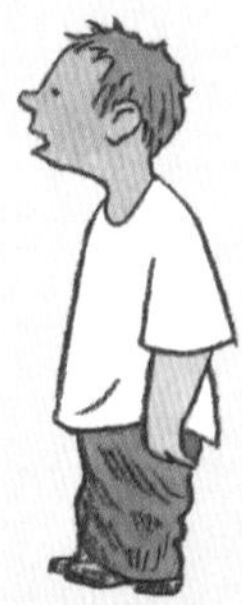